D1936112

€10,–

DISETRONIC
MEDICAL SYSTEMS

Gedankenskizzen zu den Büchern
„Zähringer Gründungen"
von Norbert Schmidt

Während ich mich nach dem Bildband „Streifzug durch Bern" mit dem 2. Band „Malerisches Murten-Morat" befasste, was ja wiederum eine Zähringer-Stadt ist, war ich entschlossen, mich vermehrt den Zähringern zu widmen. Daraus entstand der Gedanke, diese hervorragenden Städtegründer zu würdigen, indem ich alle Zähringer-Städte und -Orte zeichne und male. Die Gründung der Zähringer-Städte und -Orte war für unseren deutschsprachigen Raum im Herzen Europas ein wichtiger Teil der Geschichte des Mittelalters hierzulande. Die Zusammengehörigkeit der Zähringer-Städte verdient es, gepflegt und gefördert zu werden.

Als ich mit den Zähringer-Städten anfing, empfand ich, dass man diese Städte in ihrer wunderbaren Architektur nicht einfach fotografiert, man muss sie erfassen, betrachten, mit voller Seele aufnehmen und spüren; nur dann kann man wiedergeben, was den besinnlichen Betrachter begeistern kann.
Meine Bilder richten sich nicht nach den üblichen Postkartensujets, auch nicht nach nostalgischen Aufnahmen, sondern nach dem Augenblick, dem Detail; sie sollen abgestumpftes Sehen wieder zu bewusstem Sehen hinführen, „Unsichtbares" wieder sichtbar machen. Meine Aquarelle sind somit ein „Zeitdokument", heute als Aktualität und später einmal eine schöne Erinnerung.

Meinen Aquarellen adäquate Texte an die Seite zu stellen und dafür kompetente Autoren aus der Region zu finden ist mein Bestreben.
So soll es ein charmantes, liebevolles und beschwingtes Buch in seiner Art werden, das zum Betrachten und Verweilen einlädt.

Norbert Schmidt
Fred Scheidegger
Zähringer-Stadt Burgdorf

In der Reihe „Zähringer Gründungen“:

BURGDORF

Bilder einer Zähringer-Stadt

Aquarelle von Norbert Schmidt
Texte von Fred Scheidegger

HAKU-VERLAG
Freiburg im Breisgau

Idee und Gesamtkonzept: Norbert Schmidt

Satz, Druck, Verarbeitung: Meisterdruck, Reute bei Freiburg

© HAKU-Verlag, 1990
D-7800 Freiburg im Breisgau, Windausstraße 9
(Hartmut Kubeit)

ISBN 3-926908-07-6

Alle Rechte vorbehalten

Vorwort

Beim Durchblättern, ja Geniessen dieses schmucken Bildbändchens wird einem in der Tat das geflügelte Wort eines unserer Ehrenbürger so richtig bewusst: dass auch die Burgdorfer Zukunft ungewiss und die Gegenwart kurzlebig ist, aber die Vergangenheit und die historischen Traditionen uns gross gemacht haben, d. h. dass wir unsern Stadtgründern und Ahnen gar vieles zu verdanken haben!

Das vorliegende Werk schliesst mit dem noch zu erscheinenden Buch über Freiburg im Üechtland die Bildband-Reihe über alle Zähringer-Städte: Sie beweist, wie glücklich wir über unsere gemeinsamen Eltern sein dürfen, dass sie zahlreiche schöne und über Jahrhunderte gut geratene Kinder im Schwarzwald und in der Schweiz – von Freiburg im Breisgau bis Freiburg im Üechtland – im Zentrum Europas, hinterlassen haben.

Die „gespürigen“ Aquarelle von Norbert Schmidt sowie die kompetenten und als Pendant dazu einfühlend verfassten Texte unseres Mitbürgers Fred Scheidegger zeigen, wie sehr sich Burgdorf inmitten dieser Zähringer-Kinder (obschon eines der kleinsten) im wahrsten Sinne des Wortes zeigen lassen darf.

In einer Zeit, in der in Europa nationales, sogar regionales Selbstbewusstsein und geschichtliche Besinnung die treibenden Kräfte sind, dürfen wir uns über die natürlich gewachsenen Zähringer-Freundschaften in beiden Ländern glücklich schätzen. Besucher von Zähringer-Gründungen fühlen sich denn auch in allen Schwester-Städten zu Hause: Sprache (lies Dialekt), Architektur, Gastfreundschaft – und vor allem dieselbe Mentalität – verbinden uns. In diesem Sinne dürfte und müsste die vorliegende Buchreihe mit den typischen Aquarellen aus gleicher subtiler Hand die Betrachter animieren, die „Verwandten“ zu besuchen, die da heissen: Zähringen, Freiburg im Breisgau, Villingen, nun auch Weilheim an der Teck, Neuenburg am Rhein, Bräunlingen, St. Peter und in der Schweiz Bern, Thun, Freiburg im Üechtland, Burgdorf, Rheinfelden und Murten.

Einerseits stehen wir dazu, wie's das „Bärnbiet“-Lied besingt, dass „mer gäng chly Fröid hei dranne, ou Bärner z'sy“, andererseits wollen wir über die Grenze in den Schwarzwald (trotz aller geschichtlichen Wirren in den letzten Jahrhunderten) allen Gründungen der Herzöge von Zähringen treue Freunde bleiben!

Persönlich bin ich ganz besonders stolz, dass es ausgerechnet mein Namensvetter, der Herzog Konrad, war, der als Erbauer unserer trutzigen Burg, der grössten zähringischen Schlossanlage, gilt…

Ich wünsche dem Initianten, Aquarellist Norbert Schmidt, seinem Bemühen sowie alt Redaktor Fred Scheidegger für die bemerkenswerten Texte und damit uns selbst ein gutes Echo und empfehle dieses aussergewöhnliche Werk einer möglichst grossen Leserschaft.

Burgdorf, 27. Februar 1990

Max Conrad, Stadtpräsident

Burgdorfs zähringische Vergangenheit

Burgdorfs zähringische Vergangenheit vor mehr als 800 Jahren ist geschichtlich mehrfach verbürgt. Allerdings bestand an diesem günstig gelegenen Kreuzungspunkt der von Süd nach Nord fliessenden Emme und der Verkehrsachse Ost-West schon weit früher eine Siedlung. Auf die alemannischen Herzöge von Zähringen, die im Jahre 1090 linksrheinisch Fuss fassten, gehen aber sicherlich der Bau der heutigen Burganlage und die Erweiterung der Siedlung zur Stadt (mit Mauern und Türmen) zurück. Man nimmt an, dass Herzog Konrad II. von Zähringen (gestorben 1152) nach seiner Herrschaftsübernahme 1127 hier eine erste Burg erbaute, die dann unter den „Städtegründern" Bertold IV. (gest. 1186) und Bertold V. (gest. 1218) neuangelegt und grosszügig ausgebaut wurde. Heute darf Schloss Burgdorf als die grösste und besterhaltene zähringische Burganlage überhaupt gelten. Typisch zähringisch sind auch die Lauben im Burgdorfer Stadtkern und die weiten Abstände zwischen den Häuserzeilen, die die Durchführung von Märkten erlaubten. Burgdorf war denn auch schon früh ein beliebter Warenumschlagplatz und Marktflecken.

Der Name Burgdorf (1175 urkundlich erstmals erwähnt als „Burtorf") erklärt sich wohl als Siedlung bei der Burg. Doch gibt es auch Deutungsversuche, Burgdorf (mundartlich „Burdlef") aus dem Namen Bertold abzuleiten, wurde der Ortsname doch verschiedentlich auch „Burtolf" geschrieben. Dafür spricht, dass die schon früh auftauchende französische Bezeichnung „Berthoud" auf deutsch Bertold (oder Berthold) bedeutet.

Das Zähringer-Bewusstsein wird im heutigen Burgdorf durch mehrere Namengebungen aufrechterhalten. So spricht man gern vom Zähringer-Schloss. Es gibt auch eine Zähringerstrasse (im Lindefeld) und ein „Zähringer" genanntes Gebäude (Hauswirtschaftliche Schule an der Rütschelengasse). Ferner nennt sich eine Studentenverbindung der Kant. Ingenieurschule (nach Berner Vorbild) „Zähringia", während die Gymnasialverbindung „Bertholdia" ihren Namen von Berthold ableitet.

Die Solennität – Burgdorfs grosses Fest

Burgdorf ohne Solennität ist für die alteingesessenen Burgdorfer und „Heimwehburgdorfer“ unvorstellbar. Seit 1729 feiert die Emmestadt ihr grosses Jugendfest in einer Form, die sich nur wenig verändert hat. Eigentlich handelt es sich um die Umgestaltung der schon 1599 erwähnten „Sängerostern“ der Schuljugend durch Dekan Johann Rudolf Gruner (1680–1761) zu einem Sommerfest. Alljährlich am letzten Montag im Juni wird die Solennität von jung und alt mit Umzügen, Darbietungen in der Stadtkirche und auf der grossen Festwiese Schützematt, Tanz und Unterhaltung gefeiert. Die traditionell weiss gekleideten Burgdorfer Mädchen mit ihren Blumenbuketts und -bögen und die Buben als Kadetten, Trommler und Pfeifer, Fahnenträger oder Turner haben den Gestalter dieses Bändchens zu Vignetten angeregt, die die Texte auflockernd begleiten.

Fred Scheidegger

Inhalt

Burgdorf, die schweizerische Landstadt im Kanton Bern mit 15.500 Einwohnern, ist im wahren Sinne des Wortes eine „Stadt im Grünen“. Die markante Silhouette des Schlosses ist von weither sichtbar, und die vielgliedrige Festung scheint sich direkt aus Feldern, Wiesen und Wäldern emporzurecken.
Tatsächlich ist man von jedem Punkt der Burgdorfer Altstadt aus in höchstens zehn Minuten im Grünen. Unser Aquarell zeigt die Schlossanlage von Süden her.

Stadt im Grünen

Hier ist das Schloss, das Wahrzeichen Burgdorfs, schon näher-gerückt. Links der hohe Wehrturm (Bergfried), daneben der Wohnturm (Palas) mit dem grössten Berner Wappen im Kanton. Den Vordergrund bildet eine Gärtnerei an der Bernstrasse mit dem Inneren Scheunenbrunnen von 1892. Burgdorf zählt nicht weniger als 50 öffentliche Brunnen.

Schloss von Westen

Als eindrücklich geschlossener Komplex präsentiert sich das Schloss von der Grabenstrasse aus. Der Aufstieg zum Schloss führt mittels einer ehemaligen Zugbrücke über den Schlossgraben durch den Torturm. Seit 1886 beherbergt die Zähringerfeste ein vom Rittersaalverein betreutes historisches Museum mit umfassenden Sammlungen (Öffnungszeiten: April bis Oktober). Sie ist im übrigen Sitz des Regierungsstatthalters, Gerichtsgebäude und Untersuchungsgefängnis. – Im Vordergrund: die Westfassade des sogenannten „Zähringers“ an der Rütschelengasse.

Blick von der Grabenstrasse aus

Ältester Stadtteil ist der nordöstlich am Schlossabhang gelegene Alte Markt. Rechts angeschnitten das aus dem 13. Jahrhundert stammende, kürzlich restaurierte „Truberhaus“, so genannt, weil es als Schaffnerei des Klosters Trub diente. Der links an das Rieghaus (ehemaliger Kornspeicher) anschliessende Anbau wurde 1831 zur Unterbringung der Druckerei Langlois errichtet, die den „Berner Volksfreund“, die älteste liberale Zeitung des Kantons Bern, druckte. Er dürfte ein Werk von Stadtbaumeister Christoph Robert August Roller (1805–1858) sein. Dieser gebürtige Württemberger wirkte ab 1831 in Burgdorf und erbaute u. a. auch das Burgerspital, die Marktlauben und das Schützenhaus.

Ältester Stadtteil: Alter Markt

Ein bauliches Idyll am Alten Markt: das 1754 errichtete Lusthäuschen, eine reizvolle Riegkonstruktion unter geschweiftem Walmdach und mit seitlicher Freitreppe. Ansicht von der Kronenhalde aus (im Vordergrund das Dach einer Bauspenglerei).

Gartenhäuschen am Alten Markt

Noch eine Ansicht des von Bäumen umsäumten Schlosshügels, diesmal von Osten her. Ihm zu Füssen das 1898 errichtete Pestalozzi-Schulhaus an der Sägegasse, das noch heute als Primarschulhaus dient. Den Namen erhielt es zu Ehren des berühmten Pädagogen Johann Heinrich Pestalozzi (1746 – 1827), der von 1799 bis 1804 in Burgdorf als Volksschullehrer und Lehrerausbilder wirkte.
Mit dem Städtischen Gymnasium, der kantonalen Ingenieurschule (früher Technikum) und mehreren Sonderschulheimen geniesst Burgdorf auch heute als Schulstadt einen guten Ruf.

Schloss mit Pestalozzi-Schulhaus

An seinem steilsten Abfall gegen Süden tritt am Schlosshügel der nackte Fels zutage. Aus Sicherheitsgründen musste der abbröckelnde Schlossfelsen vor einigen Jahren durch Betonriegel verstärkt werden. Links führt von der Vorburg aus der (wiederhergestellte) „Armsünderweg“ zur Rütschelengasse hinunter.
Auf diesem schmalen Weg wurden einst Übeltäter zur Richtstätte geführt.

Schlossfelsen

An diesem Standort unter dem Schlossfelsen grüsst den zur Oberstadt Aufsteigenden erstmals der hochragende Turmhelm der evangelisch-reformierten Stadtkirche.

Der Kirchturm grüsst

Ein pittoresker Winkel an der Kronenhalde, von wo aus man den Kronenplatz in der Oberstadt durch zwei kurze Tunnel hindurch erreicht. Oben führt die Schlossgasse zum Alten Markt und zum Schloss empor. Links die Backsteinmauern der einstigen Bierbrauerei Christen (heute Lagerhaus einer Eisenwaren-Firma). Burgdorf war noch nach der Jahrhundertwende mit drei Brauereien eine recht bedeutende Bierstadt. Heute noch ist es Sitz mehrerer bedeutender Handelsunternehmen der Käse-, Textil-, Schuh- und Kolonialwarenbranche sowie einer Landmaschinenfabrik und weiterer Industriebetriebe.

Durchgang Kronenhalde – Kronenplatz

Die Schlossgasse bildet einen recht steilen Anstieg, bietet aber reizvolle Blicke auf die Türme und Türmchen der Schlossanlage. Einige mögen die Schlossgasse wohl lieber hinunter als hinauf beschreiten.

Schlossgasse

Der Abstieg durch die Schlossgasse eröffnet einen Blick auf die Jurakette, die das bernische Mittelland im Norden abschliesst.

Blick gegen den Jura

In Burgdorfs Stadtbild lassen sich bei klarer Sicht auch die Viertausender des Berner Oberlandes einbeziehen.
Aus erhöhter Lage, z. B. von der Parkanlage beim Gymnasium (mit Alpenzeiger) oder vom Kirchhügel (unser Bild), ist die Alpenkette mit Eiger, Mönch und Jungfrau in ihrer ganzen Pracht sichtbar. Ihre Integration ins Stadtbild entspricht gewissermassen dem Charakter des Burgdorfers: er gilt wohl als eher konservativ und kleinstädtisch introvertiert, erweist sich aber gelegentlich als durchaus weltoffen und zu Pioniertaten fähig. Etliche Burgdorfer haben sich im Lauf der Jahrhunderte als Politiker, Diplomaten oder Gelehrte einen Namen gemacht. Haben Sie z. B. gewusst, dass der „Nescafé“ von einem Burgdorfer, dem Chemiker Dr. Max Rudolf Morgenthaler (1901–1980), erfunden wurde?

Blick gegen die Alpen

Durchblick von der Schlossgasse auf die Kronenplatz-Fassade des Hauses Hohengasse 8 (Drogerie Zbinden) mit dem „Hühnersuppe"-Wandbild von Friedrich Traffelet von 1936 (renoviert 1966). Dargestellt ist das traditionelle Burgdorfer Hühnersuppenmahl in Erinnerung an den sagenhaften kriegerischen Auszug der Burgdorfer Frauen 1388.

Wandmalerei „Hühnersuppe“

Der Kronenbrunnen mit der 1908 erneuerten Skulptur der Gerechtigkeit (Frauenfigur mit verbundenen Augen mit Waage und Richtschwert). Dahinter die Fassade des einstigen städtischen Kaufhauses (Hohengasse 6).
Der Kronenplatz, benannt nach dem altüberlieferten Gasthof Krone, ist der höchstgelegene Gassenknotenpunkt der Oberstadt. Er gilt als beliebter Treffpunkt der Jugend, vor allem der Studenten der Ingenieurschule, die sich jeweils nächtlicherweile um den Brunnen versammeln.

Kronenbrunnen

Die ochsenblutrote Nordfassade des „Grosshauses“ an der Hohengasse 4 mit dem Bannerträger-Fresko (Venner Fankhauser) von Ernst Linck. Die Geschichte dieses bedeutenden Bürgerhauses war fast 300 Jahre lang mit dem Namen Fankhauser verknüpft, dessen Vertreter in Burgdorf als Kaufleute (Leinwandhändler) und Politiker (Burgermeister und Venner) eine dominierende Rolle spielten. Heute ist es im Besitz der Buchhändlerfamilie Langlois, der ersten Verleger der Werke von Jeremias Gotthelf. Übrigens ist auch der Gotthelfverfilmer Franz Schnyder (geb. 1910) ein Burgdorfer.
Im Vordergrund rechts die Aufgangstreppe zum „Stadthaus“, dem einstigen Rathaus (heute Hotel), zu dessen Besuch das Stadtwappenschild einlädt.

Grosshaus

Die wie das Schloss auf einem Hügel gelegene Stadtkirche wurde von 1471 bis 1491 an Stelle einer romanischen Vorgängerkirche im spätgotischem Stil errichtet. Mit ihrem schlanken Turmhelm überragt sie den Bergfried des Schlosses noch um 25 Meter und prägt die Stadtsilhouette wesentlich mit. Ihr Bau stellt dem Gemeinsinn der damals aus knapp 1000 Seelen bestehenden Einwohnerschaft ein eindrückliches Zeugnis aus. Auf allen vier Seiten trägt der Turm ein weithin sichtbares Zifferblatt. – Davor erkennt man die Fassaden der Häuser am Kirchbühl, u. a. des Casino-Theaters.

Kaminlandschaft mit Stadtkirche

Pestalozzibrunnen mit der Plastik „Mutter und Kind beim Tanz" von Bildhauer Hugo Imfeld am oberen Kirchbühl, dank privater Spenden zum Handfestejahr 1973 errichtet. Bewusst hat Norbert Schmidt ein zufällig vor der Trägersäule parkiertes Motorrad in sein Bildchen einbezogen: als Symbol für die Dynamik der heutigen Zeit.

Brunnenplastik am Kirchbühl

Das schmucke Türmchenhaus Kirchbühl 22, ehemals Pfarrhaus und dann von 1600 bis 1840 Zunfthaus zu Schmieden und Zimmerleuten. Keck grüsst ein Wetterhahn vom Dachgiebel. Wie durch ein Wunder ist das Haus vom grossen Stadtbrand, der 1865 in der Oberstadt 48 Wohnhäuser, 2 Schulhäuser und 8 Scheunen einäscherte, verschont geblieben.

Haus Kirchbühl 22

Die den Abschluss des Kirchbühls bildende Burgerratskanzlei mit spätgotischem Kernbau. Die Burgergemeinde Burgdorf spielt als Land- und Waldbesitzerin neben der erst seit 1832 bestehenden Einwohnergemeinde noch heute eine wichtige Rolle. Über dem Fenster links eine Reliefskulptur des Berner Künstlers Gustave Piguet.

An dieser Stelle ist ein Wort über das heutige kulturelle Leben Burgdorfs angebracht. Es ist besonders auf musikalischem Gebiet sehr rege, treten doch zwei Orchestergesellschaften, mehrere Gesangvereine und zwei städtische Musikcorps regelmässig mit Konzerten an die Öffentlichkeit. Auf literarischem Gebiet sorgt die Casino-Gesellschaft für Begegnungen mit namhaften Schriftstellern, und im Casino-Theater gelangt ein vielfältiges Programm zur Aufführung. Grosse Aktivitäten entfalten auch mehrere Künstlerwerkstätten und Kunstgalerien.

Burgerratskanzlei

Den Abschluss der Oberstadt nach Westen bildet die Grabenterrasse mit ihren bald zweihundertjährigen Kastanienbäumen. Sie wurde 1792 über dem einstigen Stadtgraben ausserhalb der Stadtmauern aufgeschüttet und 1981, in Erinnerung an die prominenten Burgdorfer Politiker der Regenerationszeit, in „Brüder-Schnell-Terrasse“ umbenannt. Im Vordergrund – hinter Plakatwänden – liegt die Baustelle des 1990 eröffneten Parkhauses Schmiedenrain.

Brüder-Schnell-Terrasse (vormals Graben)

Weitsichtig konzipierte Strassenverbindung von der Oberstadt zur Unterstadt bildet seit 1830 die Staldenschleife mit Staldenbrücke, die den früheren überaus steilen Spitalrain ersetzte. Als Abkürzung führt seit der gleichen Zeit die „Lange Stiege“ in die Metzgergasse hinunter. Unser nebenstehendes Aquarell zeigt den oberen Teil der Metzgergasse mit der massiven Staldenbrücke. Dahinter der Turm der Stadtkirche.

Metzgergasse und Stadtkirche

Das ehemalige Niedere Spital (rechts im Bild) mit der angebauten Katharinenkapelle aus dem 13. Jahrhundert an der Spitalgasse (heute Metzgergasse) wurde 1836 zum Schlachthaus degradiert und von Stadtbaumeister Roller klassizistisch umgebaut. Nun soll der Gebäudekomplex aber restauriert werden, wozu bereits einige Nachbarbauten abgerissen wurden. Durch die Baulücke ist der Blick auf die Hinterfassaden der Hauszeile Hohengasse frei geworden.

Ehemaliges Niederes Spital

Wenn im Hintergrund nicht die Erste Gisnau-Fluh zu sehen wäre, würde man bei diesem Durchblick kaum auf das schweizerische Burgdorf tippen. Doch passt die eher norddeutsch anmutende geometrisch verzierte Fassade des um die Jahrhundertwende errichteten monumentalen Hauses Metzgergasse 6 (im Erdgeschoss: „Neue Apotheke“) recht gut zur sechseckigen Strassenlaterne des Vordergrundes.

Haus Metzgergasse 8

Das Haus im Hintergrund, Kornhausgasse 7, beherbergte, wie eine Gedenktafel berichtet, die Hintersässenschule, an der Heinrich Pestalozzi 1799 unterrichtete.
Durch Pestalozzi, der bis 1804 als Erzieher in Burgdorf wirkte, wurde die Stadt zum Wallfahrtsort von Pädagogen aus aller Welt.
Im Vordergrund des Bildes der Kornhausbrunnen („Wöschhüslibrunnen").

Pestalozzis Hintersässenschule

Wie Dornröschens Märchenschloss mutet diese von wilden Reben überwachsene Fassade des Eckhauses Kornhausgasse 13 a an, das beim alten Kornhaus an die Stadtmauer angebaut ist. Ein Aussichtstürmchen verleiht dem Haus zusätzlichen Reiz.

Das 1770 vom Staat Bern errichtete monumentale Kornhaus, das zur Zeit der Vorbereitung dieses Bändchens umgebaut wurde und mit Blachen verdeckt war, wird ab 1991 als Schweizerisches Volksmusik- und Trachtenmuseum zur Verfügung stehen und die touristische Attraktivität Burgdorfs wesentlich steigern.

Haus Kornhausgasse 13 a

Ein vor allem von Müttern und Vätern mit Kindern gern aufgesuchter Ort: der Ententeich im Stadtpark, in dessen Mitte die köstliche Figur eines mit Badehose bekleideten Knaben als Wasserspritzer steht. Die zwischen Technikumstrasse und Oberstadtweg situierte Anlage war bis 1889 Friedhofgelände, wovon noch einige Gedenksteine zeugen. Einer von ihnen erinnert an den aus Thalheim in Württemberg stammenden Max Schneckenburger, den Dichter der „Wacht am Rhein", die 1870/71 zum Kampf- und Nationallied der Deutschen wurde. Schneckenburger lebte von 1838 bis zu seinem frühen Tod 1849 in Burgdorf.

Springbrunnen im Ententeich

Dass Burgdorf viel Grünfläche aufweist, belegt auch dieses Bildchen, das die in einem Park gelegene Villa Technikumstrasse 8 zeigt.

Haus Technikumstrasse 8

Diese Bronzeplastik „Das kniende Mädchen“ der Burgdorfer Bildhauerin Margrit Wermuth (1889 – 1973) ziert die gepflegte Anlage vor der Amtsersparniskasse Burgdorf. Auf diesem Gelände lag übrigens einst ein Barfüsserkloster, dessen Kirche schon 1541, nach der Reformation, abgerissen wurde. Um 1475 in diesem Kloster angefertigte Inkunabeln gehören zu den ältesten bekannten Druckerzeugnissen der Schweiz.

Bronzeplastik vor der Amtsersparniskasse

Auch einem kleinen „Neurenaissance"-Schloss begegnet man in Burgdorf. Es ist die ursprünglich als Biedermeiervilla errichtete und 1882 umgebaute Villa Roth am Kreuzgraben 2.
Unser Aquarell zeigt den Blick durch das kunstvoll verzierte schmiedeeiserne Einfahrtstor auf die zwei „Viktorien" der schön geschweiften Freitreppe.

Villa Roth am Kreuzgraben

Burgdorf wird häufig als „Tor zum Emmental" bezeichnet. Tatsächlich prägt die Emme, die am Hohgant entspringt und in Burgdorf eine schon recht stattliche Breite aufweist, das Landschaftsbild des Ortes wesentlich mit. Den grössten Teil des Jahres zieht die Emme als friedliches Niedergewässer ihren Lauf, der Aare entgegen. Bis Ende des 19. Jahrhunderts, als er durch Damm- und Schwellenbauten gebändigt wurde, richtete der Fluss durch jähe Hochwasser immer wieder schwere Schäden an. Eindrücklich auch die hohen Sandsteinfelsen der Gisnau-Flühe, die sich vom östlichen Emmenschachen aus trutzig in die Höhe recken. In ihren Steinbrüchen wurden einst Sandsteinblöcke als beliebtes Baumaterial gewonnen.

Burgdorf als „Tor zum Emmental“

Die Burgdorfer Sandsteinflühe finden ihr abstraktes Gegenstück in dieser viergliedrigen Betonplastik von Peter Hächler im Gotthelf-Park im Bahnhofquartier. Sie wurde 1973 der Stadt Burgdorf vom Handels- und Industrieverein geschenkt.

Betonplastik im Gotthelf-Park

Einer der anmutigsten Blicke auf die Altstadt bietet sich dem Betrachter von dem der Burgergemeinde gehörenden „Sommerhaus" an der Strasse nach Wynigen aus.
Im Vordergrund eine moderne Gruppenfigur des Solothurner Bildhauers Schang Hutter.

Beim „Sommerhaus“

Auch Groteskes kann man in Burgdorf finden:
der „Lochbachgränni“, die Halbfigur eines wilden Mannes mit Hirschgeweih auf einer Stadtwappen-Kartusche (2. Drittel des 17. Jahrhunderts), ist an der Innenseite des Eingangsturmes zum Lochbachbad jenseits der Emme angebracht.

Der „Lochbachgränni“

Das auf Burgdorfer Boden stehende Restaurant Bahnhof bei der Bahnstation Oberburg der EBT (Emmental-Burgdorf-Thun-Bahn) ist ein Beispiel des einst beliebten Schweizer Holzbaustils (errichtet 1879, restauriert 1981). Der Volksmund nennt das Gebäude liebevoll „Laubsägelihus“.
Burgdorf, das schon 1857 an das Eisenbahnnetz (Linie Burgdorf – Olten) angeschlossen wurde und Sitz der EBT-Direktion ist, bildet einen wichtigen Eisenbahnknotenpunkt.

Restaurant Bahnhof Oberburg

Übersichtsplan der Altstadt von Burgdorf

Im Südosten der Schlosshügel mit der Schlossanlage und dem Alten Markt als ältestem Stadtteil. Im Westen angrenzend die Strassenzüge der Oberstadt bis zur Stadtkirche.
Im Norden die durch die Kiburger angelegte Unterstadt. Masstab 1:4000 (2,5 cm = 100 m).
(Mit freundlicher Genehmigung entnommen dem Band „Die Stadt Burgdorf" der von der Gesellschaft für Schweizerische Kunstgeschichte herausgegebenen Reihe „Die Kunstdenkmäler der Schweiz", 1985).

0
50
100
N

Die Herzöge von Zähringen

Mit den Staufern und Welfen rechnen die Zähringer zum Dreigestirn der mächtigsten Adelsfamilien, die sich im Herzogtum Schwaben während des 11. Jahrhunderts zu Fürstenhäusern und Dynastien formierten. Wenngleich der Ursprung des edlen Geschlechts nicht vor die Jahrtausendwende zurückverfolgt werden kann, so ist doch deutlich, daß die Anfänge in Innerschwaben liegen. Von dem mit der Ordnungszahl I. gezählten Kärntner Herzog Bertold, dem Stammvater der Herzöge von Zähringen, wird berichtet, daß er auf dem Höhepunkt des Investiturstreits, der weltbewegenden Auseinandersetzung zwischen Kaiser und Papst, auf der Limburg bei Weilheim an der Teck den Verstand verloren habe und bald darauf, im Jahre 1078, gestorben sei.

Die eigentliche zähringische Geschichte beginnt mit dem Zug des Herzogssohns an den Oberrhein. Bertold II. sah offenbar keine Möglichkeit, die Positionen seines Vaters am Albtrauf, in Sichtweite der Stammburg der Staufer, auszugestalten, sondern verschaffte sich über die angestammten Grafenämter der Bertolde im Thurgau, im Breisgau und in der Ortenau eine neue Herrschaftsbasis. 1078 marschierte er in den Breisgau ein, okkupierte dort die kirchlichen Güter und kämpfte gegen den Bischof von Straßburg, dem der Kaiser die Grafschaften des abtrünnigen Herzogs Bertold I. übertragen hatte. Mit der Gründung der Burg Zähringen, der Abtei St. Peter im Schwarzwald, die sich zum zähringischen Hauskloster entwickeln sollte, und einer herrschaftlichen Burg auf dem Freiburger Schloßberg fand die Übersiedlung Bertolds II. in den Breisgau während des letzten Jahrzehnts des 11. Jahrhunderts ihren Abschluß. Dazu gehört auch, daß Bertold sich bald nach seiner Erhebung zum Herzog durch die süddeutsche Adelsopposition „Herzog von Zähringen“ nannte und um 1090 ein zweiter Herrschaftsschwerpunkt hinzutrat: Burgund. Burg und Stadt Rheinfelden verknüpften die reichen Güter zwischen Aare, Reuss und Hochrhein, im ehemaligen burgundischen Königreich, die Bertold II. über seine Gemahlin Agnes, die Erbtochter des Gegenkönigs Rudolf von Rheinfelden erwarb, mit den Breisgauer Besitzungen.

Infolge der Krönung des abtrünnigen Schwabenherzogs Rudolf von Rheinfelden zum Gegenkönig im Jahre 1078, war der Staufer Friedrich vom Kaiser zu dessen Nachfolger erhoben worden, so daß die herzogliche Würde in dem alten Herzogtum Schwaben fortan gespalten war: dem kaisertreuen Staufer stand der päpstliche Zähringer gegenüber.
Nach einem Vergleich der beiden Kontrahenden 1098, bei dem Bertold II. den Herzogsrang und seine Positionen im Herzogtum, wie Zähringen und Zürich, behaupten konnte, entfaltete sich nun die Zähringerherrschaft um den Schwarzwald und in Burgund, freilich unter dem Vorzeichen der Konkurrenz mit den wenige Jahrzehnte später in den Rang des Königtums aufsteigenden Staufern. Angesichts dieser Situation haben die Zähringer zur Ausgestaltung und herrschaftlichen Durchdringung ihres Landes in besonderem Maße auf den Ausbau und die Kräftigung der Städte hingewirkt.

So verwundert es nicht, daß die Menschen in den ehemals zähringischen Landschaften Südwestdeutschlands und der Schweiz sich der Zähringer vor allem als Gründer und Förderer der Städte erinnern. Gerade diese bewahrten das Andenken an ihre hochmittelalterlichen Gründer und Stadtherrn, wenn auch in je verschiedener Ausprägung und Intensität. Aus diesem Zweig zähringischer Tradition erwuchs daher unter anderem die lebendige Zähringerstädte-Freundschaft Bern – Bräunlingen – Burgdorf – Freiburg im Breisgau – Freiburg im Üchtland – Murten – Neuenburg am Rhein – Rheinfelden – St. Peter – Thun – Villingen – Zähringen.

Dr. Alfons Zettler

Übersicht zu den Zähringerherzögen, ihren wichtigsten Angehörigen und Verwandten

(aus Karl Schmid; „Die Zähringer"; Abb. 10; S. 213)

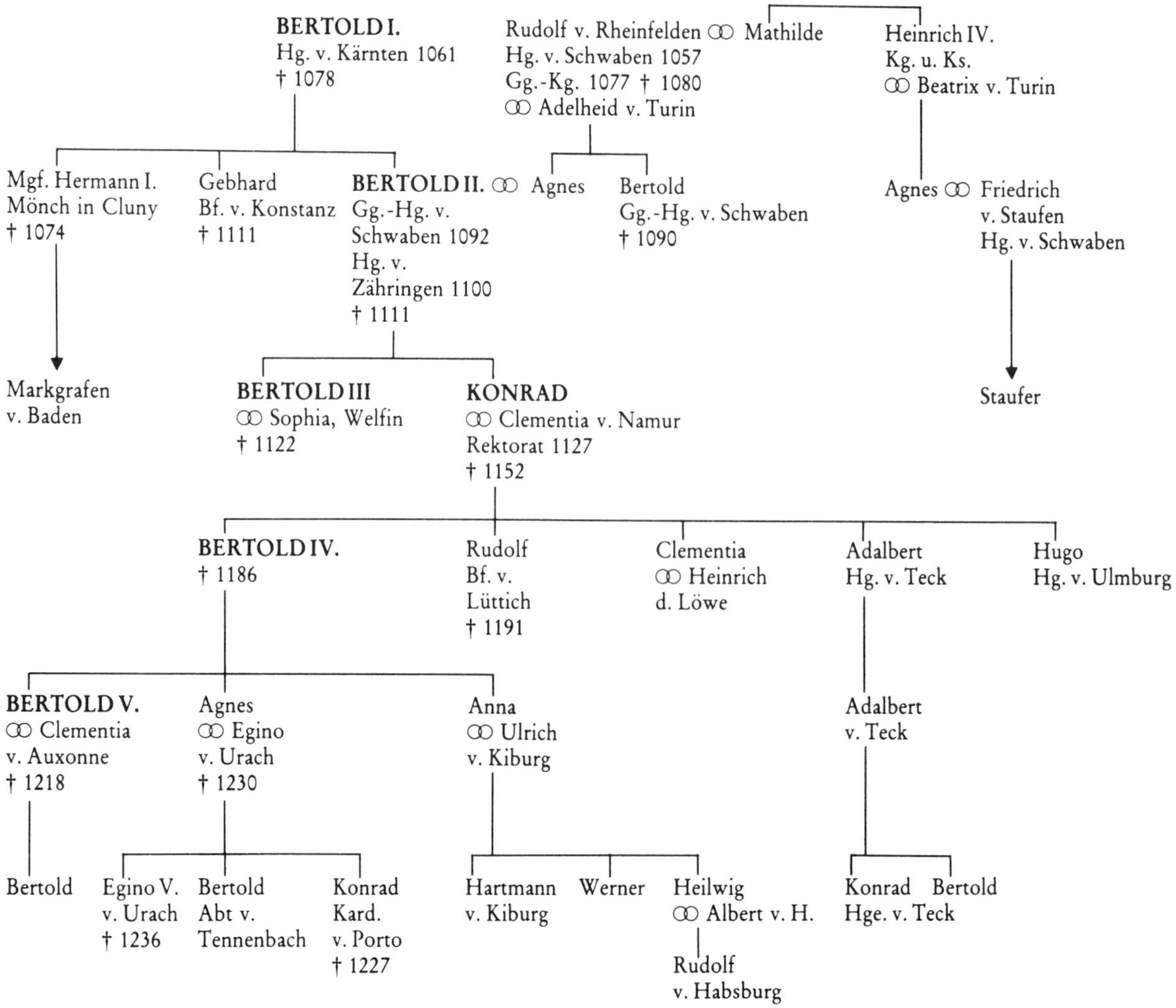

Übersichtkarte Zähringerbesitz

(aus Schwarzmaier-Fischer; Hochadelsbesitz; Verz. 153; Beiwort S. 8)

Zähringer

Bistum im zähringischen Machtbereich

Bistum

Kloster im zähringischen Machtbereich

Kloster unter zähringischer Vogtei

Burg

Stadt

Ortenau Grafschaftsrechte

Die Autoren des vorliegenden Bandes

Norbert Schmidt, geboren 1948, wohnhaft in Liebefeld-Bern.
Maler, Bühnenbildner und Innenarchitekt.
Initiant und Gestalter der Bildbandreihe „Zähringer-Gründungen".

Fred Scheidegger, geboren 1922, wohnhaft in Burgdorf.
Lic.rer.pol., Redaktor und Publizist. Verfasser kunsthistorischer Beiträge u. a. über Burgdorf und Solothurn.

Büchernachweis

Streifzug durch Bern	1984
Malerisches Murten-Morat	1986
Unterwegs in Zähringen	1986
Zähringer-Stadt Freiburg i. Br.	1987
Zähringer-Dorf St. Peter	1987
Zähringer-Stadt Rheinfelden (Schweiz)	1987
Zähringer-Stadt Villingen	1988
Zähringer-Stadt Thun	1988
Zähringer-Stadt Neuenburg am Rhein	1989
Zähringer-Stadt Bräunlingen	1989
Zähringer-Stadt Burgdorf	1990

In Vorbereitung:

Zähringer-Stadt Freiburg-Fribourg

Büchernachweis

Streifzug durch Bern	1984
Malerisches Murten-Morat	1986
Unterwegs in Zähringen	1986
Zähringer-Stadt Freiburg i. Br.	1987
Zähringer-Dorf St. Peter	1987
Zähringer-Stadt Rheinfelden (Schweiz)	1987
Zähringer-Stadt Villingen	1988
Zähringer-Stadt Thun	1988
Zähringer-Stadt Neuenburg am Rhein	1989
Zähringer-Stadt Bräunlingen	1989
Zähringer-Stadt Burgdorf	1990

In Vorbereitung:

Zähringer-Stadt Freiburg-Fribourg